Encuentra Misterio en tu vida

José María Pérez-Soba

Encuentra Misterio en tu vida

SAN PABLO

Colección dirigida por Silvia Martínez Cano y José María Pérez-Soba Díez del Corral

José María Pérez-Soba Díez del Corral (Lérida, 1969) es doctor en Historia (Universidad Complutense), licenciado en Teología dogmático-fundamental y Máster en Ciencias de la Religión (Universidad Pontificia Comillas). Es profesor titular del Centro Universitario Cardenal Cisneros (Universidad de Alcalá de Henares), profesor colaborador del Instituto Superior de Pastoral (Universidad Pontificia de Salamanca) y miembro de la Sociedad Española de Ciencias de las Religiones (SECR). Es laico marista, miembro de las fraternidades del movimiento Champagnat y formador habitual del profesorado, y está comprometido en el acompañamiento y la formación de personas y comunidades en la provincia Ibérica marista.

© SAN PABLO 2025
Protasio Gómez, 11-15. 28027 Madrid
Tel. 917 425 113
E-mail: secretaria.edit@sanpablo.es - www.sanpablo.es
© José María Pérez-Soba Díez del Corral, 2025
© Ilustración de portada: José Montalvá Beneyto, 2025

Distribución: SAN PABLO. División Comercial
Resina, 1. 28021 Madrid
Tel. 917 987 375
ventas@sanpablo.es
ISBN: 978-84-285-7372-6
Depósito legal: M. 11.216-2025
Printed in Spain. Impreso en España

Introducción
Un hilo para comprender en el laberinto actual

No corren buenos tiempos para lo religioso. Desde que Nietzsche declarara la muerte de Dios y Comte la considerara amortizada por la ciencia, parece que no levanta cabeza. Algún investigador incluso ha vaticinado para 2048 el último bautizo cristiano en Francia.

¿Vivimos una «crisis terminal»? ¿O no está tan claro? Curiosamente, si, por una vez, dejamos de mirar solo nuestro entorno y alzamos algo más nuestra mirada, descubrimos que la inmensa mayoría de la humanidad (en torno al 84%), hoy, en nuestro planeta, se considera a sí misma creyente.

Es verdad que esta apreciación nos puede sorprender en nuestra Europa occidental, el lugar menos creyente del mundo, donde las personas que se identifican como «no religiosos» han crecido del 13 al 40% entre el año 2000 y el 2024. Pero también es verdad que, si rascamos un poco detrás de estos datos, nos encontramos con un panorama bastante más complejo: más de un tercio (el 37%) de esas personas que se identifican como no religiosas señala que cree en «un poder superior o una fuerza espiritual en el universo» y un 39% afirma que tiene un «alma» además de su cuerpo físico.

¿Se declaran «no religiosos» pero creen en un «poder superior» y en el «alma»?, pero ¿cómo puede ser?, ¿qué es entonces ser no religioso...? De hecho, ¿qué es ser religioso?

Queremos responder a estas preguntas en las siguientes páginas. En nuestra sociedad plural, es bueno poder escuchar lo que la humanidad ha ido construyendo a lo largo de muchos años, para poder comprendernos a nosotros mismos, tanto los que nos identificamos como religiosos como los que nos identificamos como no religiosos. Por supuesto, la lectura de la realidad que vamos a ofrecer no es la única posible, pero no nace en un despacho, sino que es una síntesis de no pocos años de estudio, de docencia y de la propia experiencia de acompañar personas y comunidades.

Hagámonos, pues, la primera gran pregunta: pero ¿qué está pasando con lo religioso hoy?

Palabras clave

- *Religión:* sistema de símbolos a través de los cuales el creyente se hace cargo de la experiencia religiosa, toma conciencia de la presencia del Misterio y su acción salvífica y lo hace presente en su vida.
- *Símbolo:* lenguaje humano por el que una realidad apunta más allá de su significado evidente y aporta a la persona algún aspecto de sentido existencial.
- *Mediaciones:* realidades que sirven de puente entre la persona religiosa y el Misterio, ofreciendo espacio para la experiencia religiosa.

- *Experiencia:* vivencia que la persona asume como significativa y asume como parte de su propia sabiduría vital.
- *Espiritualidad:* forma de vida de personas que basan la comprensión y la realización de sí mismas en una opción fundamental por valores o realidades de alguna manera trascendentes, capaces de dar sentido a sus vidas.

1
Una primera afirmación: vivimos un cambio de época

Es verdad que vivimos unos tiempos no solo complejos, sino que, como escribía Roberto Calasso, llegan a ser «innombrables». Y si centramos nuestra atención en lo que pasa con lo religioso, sentimos de inmediato un malestar que nos llena de perplejidad. No sabemos qué pasa y, por tanto, no sabemos cómo situarnos ante ello.

Quizá la clave está en lo que el papa Francisco señaló ya hace años: «No vivimos una época de cambios, sino un cambio de época». Y, desde luego, en el mundo de la creencia o de la espiritualidad es verdad, sobre todo en nuestras tierras europeas.

1. La modernidad era esto: una sociedad pluralizada

¿Qué es lo que ha ocurrido? ¿En qué consiste ese cambio de época? Pues en que hemos vivido, sobre todo en España, un cambio muy profundo y acelerado. Y si es un cambio muy profundo, para comprenderlo necesitamos mirar al centro mismo de lo humano.

No cabe ninguna duda de que los seres humanos, como seres vivos, tenemos unas necesidades un poco diferentes a los demás: necesitamos nutrirnos, relacionarnos y reproducirnos. Pero es que, además, necesitamos explicarnos el mundo, ponerle palabras, encontrarle un sentido. Necesitamos explicarnos qué es vivir, qué es el mundo, qué es el ser humano. Es decir, no solo somos biología, sino que también somos seres culturales. Atención, no es que tengamos cultura, es que somos cultura tanto como biología. Ortega y Gasset decía que somos un «centauro ontológico», formado tanto por la biología (cuerpo de caballo) como por la cultura (la figura humana). Como ya nos avisaban las mitologías antiguas, los seres humanos no podemos aceptar el caos informe: necesitamos estructurar, humanizar la realidad, hacer como Adán en el Génesis y ponerle nombre (Gén 2,20). Necesitamos «empalabrar el mundo» (Lluís Duch).

Y, claro, dentro de esa lectura cultural de la realidad, cada uno necesitamos nuestro sentido propio, esto es, ubicar nuestra vida en ese mundo al que hemos puesto palabras. Necesitamos respondernos a las preguntas de quién soy yo, qué pinto aquí, qué puedo y qué no puedo hacer, vivir, ser... Juan Martín Velasco decía al respecto: «El hombre no solo es; no se contenta con vivir; quiere ser bien; aspira a una vida buena. Necesita incluirla en el hecho de vivir, para que su vivir sea humano, que valga la pena, que tenga un sentido».

Y como tenemos esa necesidad, desde que aparecimos en la tierra nos organizamos para cubrirla: desde Atapuerca hasta hace muy poco, según nacíamos, el grupo social nos socializaba y nos decía quiénes éramos y qué debíamos hacer en la vida. Nacíamos en un grupo tribal y este nos decía cuáles eran nuestros dioses y qué se esperaba de nosotros: si eras hombre, tenías

la función de cazador; si eras mujer, de reco-
lectora... Y así en las demás culturas: nacías
egipcio y ya sabías cuáles eran tus dioses, y si
eras campesino sabías que no eras faraón (ni lo
podías llegar a ser); nacías noble en el siglo XV
en Castilla y ya sabías cuál era tu religión y con
quién podías (o no podías) casarte...

Así siguió la historia de nuestra humanidad
hasta la llegada de nuestra cultura: la moderni-
dad. Porque una de las claves fundamentales de
la cultura que compartimos es que podemos decidir cómo queremos dotar de sentido a nuestra vida. ¿Necesitamos sentido e identidad?
Claro, como siempre. Pero ahora tú decides en
medio de una enorme cantidad de posibilida-
des. Hoy puedes decidir con libertad construir
tu sentido, tu identidad. En tus manos está si
crees o no crees o, todavía, más, en qué crees
o no. Puedes poner en la casilla «no religioso»
y luego creer en una energía universal; o poner la casilla «católico» y luego afirmar creer en
la reencarnación. Por eso, una de las grandes
cuestiones actuales es, sin duda, la identidad:
no se puede comprender nuestra sociedad sin
comprender esta búsqueda. Porque, como es-

cribía Clifford Geertz, «todos comenzamos con un equipamiento natural para vivir un millar de clases de vida, pero en última instancia solo acabamos viviendo una».

Estas, son pues, las grandes preguntas: ¿desde dónde elijo?, ¿dónde está ese punto de referencia que merece que me juegue la vida en él? Porque en esa elección, consciente o no, el ser humano contemporáneo se juega la vida porque se juega su sentido y, por tanto, su salvación... ¿Dónde encontrar, como escribía Emmanuel Lévinas «el sentido de los sentidos; la Roma a la que conducen todos los caminos; la sinfonía en la que todos los sentidos llegan a tener voz; el cantar de los cantares»?

Porque corremos el riesgo de que nuestra vida se convierta en un «palimpsesto identitario» (Zygmunt Bauman), es decir, en una superposición masiva de cosas tomadas casi al azar, de decisiones apresuradas, de ideas sin digerir, que cambian al ritmo de la moda y de los *influencers* de turno: vamos reescribiendo cosas sobre cosas... y, cuando nos paramos a mirarnos a nosotros mismos, nos sentimos perdidos, desnortados, confusos. Pero ¿soy el que quería ser?

En todo esto ¿qué aporta la experiencia religiosa al ser humano moderno?

2. ¿Tiene algo que decir lo religioso en la búsqueda de la gente hoy?

Porque partimos de la constatación de que lo religioso vive entre nosotros un descrédito evidente, que tiene sus causas. Durante gran parte de nuestra historia, España era un país que vivía en una sociedad nominalmente cristiana y el Estado, en sus distintas formas, se asentaba en una ideología político-religiosa católica. Desde el siglo XIX se produce un intento de cambio, una primera oleada de secularización, muy conflictiva, para cambiar esa situación. Sin embargo, tras la Guerra Civil, el nacional-catolicismo se impone durante cuarenta años en nuestro país y vuelve a uniformizar, teóricamente, el tema religioso.

Y ese modelo desaparece en menos de una generación. Como señala el sociólogo Rafael Ruiz Andrés, en nuestra España los abuelos eran católicos más o menos practicantes, los padres fueron católicos no practicantes y, por fin, los hijos no son ni lo uno ni lo otro. Simplemente les da igual lo religioso. Han vivido la revolución de la comunicación. Internet y las redes sociales han multiplicado exponencialmente la pluralidad de opciones de vida. Cualquier cosa, idea, opinión, está a un solo clic de distancia. Por ello, son conscientes de que han nacido y viven en un sistema social tolerante donde pueden construir su creencia desde su libertad individual, que valoran mucho.

Y lo religioso sigue identificado, muchas veces, al pasado en el que fue hegemónico. Por tanto, es algo que el tiempo ha hecho caducar. Además, se identifica con una determinada manera de ser religioso: la nacionalcatólica, con un subrayado en la jerarquía, en la obligación moral, en el cumplimiento ritual... que para muchos no es compatible en manera alguna con la libertad personal. Y si a eso se le suma que se han levantado las alfombras de tantos años y lo que ha salido no ha sido nada edificante..., pues no es extraño que lo religioso no se contemple como una opción donde apostar la propia vida.

2
La propuesta de sentido de lo religioso: el encuentro con el Misterio que plenifica la vida

1. ¿Cómo entender lo religioso?

Pero ¿por qué más del 80% de la humanidad sí lo considera relevante? Más allá de prejuicios, ¿qué es, en verdad, lo religioso?, ¿cuál es la propuesta religiosa de sentido que ha seducido a tantas personas? Prescindir de la sabiduría de tantas personas durante toda la historia no parece muy inteligente... ni muy humilde.

Para responder a estas cuestiones, en estas páginas vamos a ofrecer una síntesis de los estudios comparativos de cientos de especialistas que han investigado qué es lo que los seres humanos religiosos, de todas las épocas y culturas, hemos vivido, cuál es la estructura básica de lo religioso. Lo que presentamos, pues, nace de escuchar lo que nos dicen las religiones, su historia, sus creencias, sus ritos, sus éticas... En el fondo, vamos a exponer lo que de religioso tiene la religión o, dicho de otra forma, cómo funciona el ser humano religioso.

2. La primera respuesta: ¡Uf!

Empecemos, entonces, por el principio. Preguntémosle al ser humano religioso cuál es el centro de su experiencia, preguntémosle por Dios, Brahman, Tao, etc. Lo curioso es que, en cuanto oyen la pregunta, lo primero que hacen es quedarse en silencio y decir ¡uf! Porque si hay algo que tienen claro es que no hay palabras para definirla. Es inefable. Todo lo que se diga de ella no es suficiente, no se la puede meter en una caja, no se la puede diseccionar.

Sin embargo, una vez emitido el bufido... el ser humano religioso no puede dejar de hablar de ella. De mil formas, en mil idiomas, en poesía, en filosofía, con cantos, con ritos, incluso con una suave sonrisa...

El taoísmo chino en su libro fundamental, el *Tao Te King,* afirma que «el Tao del que se puede hablar no es el Tao». Y, aunque en esa frase lapidaria el maestro Lao nos ha instado al silencio, escribe un libro de más que mediano tamaño sobre ese Tao. Es verdad: para el ser humano religioso la realidad centro de su experiencia es inefable, pero, tan importante para él, que, una vez que se ha encogido de hombros, no calla, «porque de la abundancia del corazón habla su boca» (Lc 6,45).

3. Encuentra Misterio en tu vida

¿Y qué dicen? Pues el cristianismo, el judaísmo y el islam, empiezan a hablar sobre Dios, creador, que acompaña a la humanidad en la historia. Pero la Grecia tradicional no habla de un dios, sino de doce dioses mayores y multitud de otras figuras divinas (semidioses, héroes, ninfas...). Es más, si preguntamos al hinduismo tradicional, nos afirma que existen 330... millones de dioses (editor, no es un error, no quites «millones»). Y, cuando preguntas que quién se puede saber el nombre de todos esos dioses, a la vez afirma que es perfectamente lícito decir que son presencia de la única divinidad. Entonces preguntas que de qué divinidad y algunos responderán que el Brahman, océano de divinidad; otros que de Shiva; otros que de Visnu o de Devi (las múltiples formas de la diosa). Y no hay problema ninguno porque señalen en direcciones distintas. Todavía más: ante la pregunta, el budismo guarda un silencio cargado de sentido. Porque si te duele la vida, ¿por qué te rompes la cabeza con si hay uno, dos o mil dioses?

¿Y ahora qué hacemos? Pues quizá podamos usar una categoría un poco más amplia para hacernos cargo de aquello que, de mil formas (incluido el silencio), se hace presente en el centro de la experiencia religiosa. Rudolf Otto, uno de los primeros investigadores que se dedicaron a estas cosas, propuso la palabra Misterio para hablar de ella. Con este término quería indicar que el centro de lo religioso es una realidad de tal cualidad que es anterior (*prius*) y superior (*supra*) a cualquier cosa que nos aparece a los sentidos. Esto es, no hablamos de un ser sin más, sino de algo que es «totalmente Otro».

El centro de lo religioso, entonces, no es un problema cuya solución aún no sabemos (pero que podríamos desentrañar), sino que «el Misterio es algo en lo que me hallo comprometido, a cuya esencia pertenece, por consiguiente, el no estar enteramente ante mí» (Gabriel Marcel). El Misterio del que habla el ser humano religioso no puede ser desvelado, investigado, dominado... sino que es algo que no puedo jamás objetivar, porque para ello debería alejarme, observarlo, mesurarlo, y no me es posible. Y no me es posible porque ese algo me incluye a mí mismo. No hay espacio alguno donde alejarme de Él.

Esto no es fácilmente encajable con el deseo prometeico que algunos de entre nosotros tienen de dominar el mundo con la razón experimental. El Misterio, el centro de lo religioso, se me escapa de las manos y, por una vez, me descubre que mi voluntad no es el centro de la realidad. Y eso me hace sentir inseguro y, a la vez, profundamente abierto a algo diferente.

El término «Misterio», entonces, más que definir nada, señala un espacio concreto de los muy diferentes sistemas religiosos: aquello que está en el centro de cada sistema religioso, aquello a lo que apuntan todas las oraciones, ritos, mitos, templos. En él encuentran coherencia todos los demás elementos religiosos. Sin el Misterio no hay religión y, a la vez, dependiendo de cómo configura el Misterio, así será la forma propia de cada sistema religioso.

4. El Misterio es plenitud para mi vida

Pero ¿por qué es tan importante ese Misterio para el ser humano religioso? Porque siempre, en toda religión, el Misterio se vive como la fuente de la salvación, de la plenitud, como la respuesta al Deseo con mayúsculas que queremos calmar en todos nuestros pequeños deseos... El Misterio no es una idea, no es una pieza de un puzle cósmico. El Misterio es la llave para vivir la vida con sentido, para liberar mi existencia del dolor, para descubrir infinito. En Él es posible vivir sin límites, es posible descubrir que el verdadero y último yo es dejarse en Él y, en Él, descubrirse vinculado a todo y a todos. Una religión es un «camino de salvación», dirá Raimon Panikkar.

Cuando el matemático y físico científico Blaise Pascal murió, se descubrió un papel cosido a su casaca, que llevaba siempre consigo. En ese papel Pascal relataba lo que vivió la noche del 23 de noviembre de 1654, lo que él llamó «la noche de fuego»:

Víspera de San Crisógono mártir, y de otros. Desde aproximadamente las diez y media de la noche, hasta aproximadamente las doce y media. Fuego. «Dios de Abraham, Dios de Isaac, Dios de Jacob» (Éx 3,6) y no de filósofos y sabios. Certeza. Certeza. Sentimiento. Alegría. Paz.

Y añadía:

Que yo no esté nunca separado de Él por toda la eternidad. Esta es la vida eterna, que te conozcan a Ti, único Dios verdadero, y a aquel a quien has enviado, Jesucristo (Jn 17,3). Jesucristo. Jesucristo.

Dios de Abraham, de Isaac y de Jacob y no de filósofos... Dios no es, para el ser humano religioso, una idea. Encontrarse con el Misterio es descubrirse en otras manos, saberse sostenido y saber que ese que te sostiene es la clave de la alegría, de la paz... de la eternidad.

Ahora bien, las formas de concebir la salvación son múltiples dependiendo de cada cultura. Para los pueblos tribales, donde la vida no está asegurada cada día, es dador de los bienes que les permitirán vivir (sea la caza, o los frutos de la agricultura –fecundidad–, sea la triple bendición de Abrahán –ganado, hijos y años de vida–).

Para Oriente, que concibe la realidad condicionada como fuente de dolor (dolor eterno, inmersos como estamos en el *samsara* infinito), el camino religioso es camino de la liberación definitiva de lo condicionado y del sufrimiento. El budismo, en su silencio sobre el Misterio, subraya con una fuerza absoluta la clave de ese Misterio: Nirvana, liberación definitiva y absoluta. Para las religiones nacidas en China, la plenitud es la sabiduría que me hace uno con el discurrir de la realidad (Tao). Para las religiones abrahámicas, Dios es la realización absoluta del ser del hombre, de la historia y de toda la creación. Como afirmaba el profeta Isaías, en una imagen que haría suya Jesús de Nazaret:

Hará Yavé Sebaot a todos los pueblos en este monte un convite de manjares frescos, convite de buenos vinos: manjares de tuétanos, vinos depurados; consumirá en este monte el velo que cubre a todos los pueblos y la cobertura que cubre a todas las gentes, consumirá a la Muerte definitivamente. Enjugará el Señor Yavé las lágrimas de todos los rostros (Is 25,6-8).

Toda la humanidad reconciliada en torno a la misma mesa, como una única familia, la fraternidad de los hijos del mismo Padre, Dios.

5. El sueño de una sombra

Claro, si el Misterio es salvador, plenificador, aparece al ser humano religioso como Supremo. Nada está a la altura de Dios. Es lo máximo, aquello que no admite segundo ni paralelo alguno. Es el supremo ser y el supremo valor; es más, es el único y verdadero Ser, el que sustenta y sin el que no hay ser, y el único y verdadero valor, aquello que sustenta y que se intuye en los valores cotidianos.

Mejor que yo, lo pueden decir los mismos seres humanos religiosos. Gurú Nanak, fundador del sijismo, escribía:

Si se multiplicara mi lengua por cien mil
y luego veinte veces
y luego un millón más,
ninguna dejaría de repetir el Nombre.
Este camino esconde muchos pasos,
pero quien lo recorre se une con su Palabra.
Incluso los gusanos se esfuerzan en seguirlo
cuando escuchan cantar Sus cualidades.
Que Su gracia descienda y nos libere.

O, en palabras de san Juan de la Cruz en la *Subida del monte Carmelo*:

Todo el ser de las criaturas, comparado con el infinito ser de Dios, nada es... Toda la hermosura de las criaturas comparada con la infinita hermosura de Dios es fealdad... y toda la galanura y donaire comparada con la gracia de Dios, es suma desgracia y sumo desabrimiento (capítulo 4).

Para saleroso, para bello, para galán... Dios.

El Misterio es la auténtica realidad, y frente a él, lo demás (mundo, humanos, poder...) palidece, casi «no es». Todo se sustenta, en última instancia, en Él.

Píndaro, un poeta de la antigua Grecia, en uno de sus epinicios (esto es, poemas que se escribían en honor de los vencedores en juegos atléticos) decía que el ser humano, frente a los dioses, no era sino «el sueño de una sombra» (pítica VIII). Es una bellísima manera de decir que, frente a la divinidad, el ser humano aparece poco más que como un soplo de inquietud.

6. Desde la eternidad te amo

Si el Misterio es el supremo valor, aparece al ser humano religioso como fascinante. El Misterio suscita aprecio, amor, pasión, anhelo de su presencia... Encuentro en Él mi plenitud y no quiero separarme de Él un solo segundo. Mira Bai, poetisa del siglo XVI del Rajastán hindú, se dirigía así al dios Krishna:

Ven, mi amor, muéstrate ante mí.
No puedo vivir en tu ausencia.
Como el loto no puede sobrevivir sin agua,
la noche sin la luna:
yo no puedo vivir sin ti.
Paso las noches sin descanso,
sufriendo esta separación.
En todo el día no puedo comer,
por la noche no puedo dormir.
¿Quién puede describir mi agonía?
¿Quién me escuchará?
Ven, mi amor,
enfría este fuego que arde en mi interior.
Solo tu presencia puede curarme.
¿Por qué me haces esperar?
Sé que estás en todas partes.
A lo largo de nacimientos sin fin
Mira te ha amado.
Y ella te ama todavía.

Mira, la poetisa, hace referencia a la conciencia de la mayoría del hinduismo de una existencia infinita de dolor en el *samsara*, en el ciclo infinito de renacimientos: «A lo largo de nacimientos sin fin Mira te ha amado». Y afirma: «Todavía te amo». Desde la misma eternidad, emerge victorioso el amor de Mira Bai por Krishna.

Al leer sus poemas, casi podemos escuchar a santa Teresa escribir:

> No procura el alma que duela esta llaga de la ausencia del Señor, sino hincan una saeta en lo más vivo de las entrañas y corazón, a las veces, que no sabe el alma qué ha ni qué quiere. Bien entiende que quiere a Dios, y que la saeta parece traía hierba para aborrecerse a sí por amor de este Señor, y perdería de buena gana la vida por Él. No se puede encarecer ni decir el modo con que llaga Dios el alma, y la grandísima pena que da, que la hace no saber de sí; mas es esta pena tan sabrosa, que no hay deleite en la vida que más contento dé. Siempre querría el alma como he dicho estar muriendo de este mal (*Libro de la Vida*, 29,10).

La santa y san Juan de la Cruz también compartieron estos sentimientos encontrados de amor y dolor, al escribir, inspirados en una letrilla popular:

Vivo sin vivir en mí,
y tan alta vida espero,
que muero porque no muero.

7. Más allá de lo que desconocemos... y más interior a mí que mi propia intimidad

El Misterio, hemos afirmado, está más allá de lo que es manipulable. Es, por tanto, trascendencia. Cuando quieres señalar al Misterio y atarlo en una definición única, en un lugar único... se te escapa de los dedos. «Neti, neti» (no es así, no es así) escribían las *Upanishads* de la India: «Está más allá de lo que conocemos... y de lo que desconocemos también» (*Kena Upanishad*). Atención, no solo más allá de lo que conocemos, sino de lo que desconocemos también. San Agustín afirmaba: «*Si comprehendis, non est Deus*» (Sermón 117,3.5), es decir, si lo comprendes, si lo atas y lo diseccionas... es que no es Dios. La tradición zulú afirma que Unkulunkulu, el dios supremo, está «más allá de no sabemos qué».

Por tanto, el ser humano religioso no habla de algo que esté simplemente más allá de

los actuales límites humanos (como los extra-
terrestres o los espíritus de los muertos, para
aquellos a los que les gusten esas cosas...), sino
del horizonte en el que se inscribe nuestra propia existencia. «La trascendencia divina no es
estar más allá de las cosas, sino ser trascendente en las cosas», escribía Xavier Zubiri.

Por eso, justo por eso, señalaba Simone Weil
en un fantástico juego de palabras, «el contacto
con Dios nos es dado por medio del sentimiento de ausencia, pero de tal manera que, comparada con esta ausencia, toda otra presencia
se hace más ausente que la ausencia». Afirmar
la trascendencia del Misterio es apuntar a una
ausencia clamorosa, es afirmar que la realidad
señala más allá de sí. Eso que intuimos, que an-
helamos de mil formas: que esa amistad, que
ese amor de pareja, que ese amor a los hijos, a
los padres, que esa belleza que admiro, que esa
contemplación, etc., apunta a más, va más allá
de sí misma, es una huella de algo más, de lo
supremo, de lo absoluto.

Así, los seres humanos religiosos, a la vez que
afirman la trascendencia del Misterio, también
afirman que es suma inmanencia, puesto que

sostiene lo más interior del ser humano y de toda la realidad.

El mismo Corán, que afirma la total distancia entre lo divino y lo humano, recoge la palabra de Dios sobre el ser humano: «Estoy más cerca de él que su propia vena yugular» (*Corán* 50,16). Dios está más cerca de nosotros que la yugular, de la que depende la vida misma. En palabras de san Agustín: «Dios es más interior a ti que tu propia intimidad». Escuchando al maestro Eckhart, ser religioso es «oír el fondo de Dios, que es mío, y mi fondo es de Dios».

Lo que afirma el ser humano religioso es que la inmanencia no se agota en sí misma, sino que es testigo de la trascendencia, huella de la trascendencia. Por eso, ser religioso es tomar conciencia de que «en Él vivimos, nos movemos y existimos» (He 17,28).

¿Trascendente e inmanente?, ¿ausencia que es presencia?, ¿no estamos hablando en paradojas? Claro. No hay otra forma de hacerlo. La paradoja es un lenguaje donde lo religioso se siente a gusto, porque define, evoca, incluso convoca. Como decía Carl Gustav Jung: «Una religión se empobrece interiormente cuando pierde o disminuye sus paradojas [...], pues solo la paradoja se acerca, de forma aproximada, a comprender la plenitud de la vida».

Como seres humanos religiosos que somos, podríamos seguir escribiendo sobre el Misterio todo lo que resta de esta obra. Pero debemos seguir. Así pues, recapitulando, el elemento central de lo religioso es el encuentro con el Misterio, plenificador, salvador, supremo ser, supremo valor, fascinante, trascendente inmanencia. Ya hemos hablado algo del Misterio. Ahora debemos decir algo sobre ese encuentro. A él le dedicamos las siguientes páginas.

3
«Tarde te amé», la experiencia del encuentro

1. Hacer experiencia, no consumirla

Si seguimos mostrando las piezas que componen el retrato de lo religioso, debemos detenernos ahora en el encuentro con ese Misterio del que acabamos de hablar. Es decir, centrarnos en la experiencia religiosa, en la «sabiduría vivencial» que surge de ella. Porque, claro, vivir un encuentro con el Misterio plenificador de sentido no puede dejarte igual.

Todos vivimos diariamente junto a muchas otras personas, y el contacto que tenemos con ellas es superficial, momentáneo. Para que ese contacto se convierta en un encuentro, necesitamos pararnos y prestar atención, dejarnos empapar por el otro. Por eso, cuando hablamos de experiencia religiosa hablamos de acoger el encuentro con el Misterio. Y si lo acojo en mi vida, esta ya no puede ser igual. Cuando acojo el encuentro con Dios, quedo «descentrado»: si el Misterio es supremo y fascinante, mi tendencia a considerar mi ego superficial como el centro del universo se debilita. Mi vida encuentra un centro más profundo, que supera mis deseos más superficiales y en el que mi exterioridad se une a mi interioridad. Me encuentro desfondado, sostenido en Otro, las pequeñas necesidades que solían ocupar el centro de mi vida ya no son tan importantes, mi deseo de dominio de la realidad ya no está en primer plano.

Y, a la vez, quedo «recentrado»; ahora veo la realidad con una perspectiva nueva, la perspectiva del Misterio. Mi vida se integra en torno a un centro nuevo que me acoge, en una nueva seguridad, en un punto de vista más profundo (o más alto) que resitúa las cosas, que me resitúa a mí mismo.

Juan Martín Velasco señalaba que la experiencia religiosa:

Supone una conversión radical que hace pasar al hombre de la tendencia a la realización de sí a través de la posesión, el dominio y la explicación, a la entrega de sí, la salida de sí mismo, la apertura y la disponibilidad a lo que, por ser totalmente otro, parece como imposible para él.

Por eso, si mi actitud ante la realidad es siempre instrumental o autocéntrica (me relaciono con la realidad desde el «para qué me sirves»), si todo lo mido, lo controlo y lo domino, no hay encuentro ni acogida al Misterio.

La experiencia religiosa quiere colocarse en el centro vital del ser humano y, por tanto, le inunda por completo, implica todas sus dimensiones. No estamos hablando solo de un sentimiento, sino de una experiencia que nos afecta en todas nuestras dimensiones: racional, afectiva, social, económica, sexual, relacional... Dado que la realidad con la que me encuentro es un Misterio que me aparece como supremo y fascinante, no lo puedo vivir como una cosa más, sino como el fundamento de la vida propia, «porque donde esté tu tesoro, allí estará también tu corazón» (Mt 6,21).

Dicho de otra manera: la experiencia religiosa se cuela en la caña misma de los huesos y por eso, al que ha abierto su corazón al Misterio no le es fácil olvidarlo. Como escribía el profeta Jeremías:

> Me sedujiste, Señor, y me dejé seducir; has sido más fuerte que yo y me has podido. He sido a diario el hazmerreír, todo el mundo se burlaba de mí. Cuando hablo, tengo que gritar, proclamar violencia y destrucción. La palabra del Señor me ha servido de oprobio y desprecio a diario. Pensé en olvidarme del asunto y dije: «No lo recordaré; no volveré a hablar en su nombre»; pero había en mis entrañas como fuego, algo ardiente encerrado en mis huesos. Yo intentaba sofocarlo, y no podía (Jer 20,7-9).

«Me sedujiste, Señor», nos llega el testimonio de Jeremías desde siglo VI a.C. El encuentro con el Misterio no es una conquista, sino justo lo contrario: dejarse seducir, dejarse conquistar. Es tomar conciencia de que la presencia del Misterio antecede nuestro deseo, antecede nuestra búsqueda. En un neologismo, profun-

damente religioso, del papa Francisco, Dios nos «primerea»: cuando nosotros vamos, Él ya nos estaba esperando. «En esto consiste el amor: no en que nosotros hayamos amado a Dios, sino en que él nos amó primero» (1Jn 4,10). O en palabras de san Agustín:

> Tú estabas dentro de mí, y yo fuera, y por fuera te buscaba, y me lanzaba sobre las cosas hermosas creadas por Ti. Tú estabas conmigo y yo no estaba contigo [...] Tú llamaste y clamaste, y rompiste mi sordera. Brillaste y resplandeciste y pusiste en fuga mi ceguera (*Confesiones*, X, 27).

Esto implica que la experiencia religiosa es gratuita. No se puede comprar ni se puede consumir. Lo podemos intentar, pero la experiencia desaparece, se convierte en otra cosa. Esto nos descoloca, porque en nuestra cultura del espectáculo tenemos la tentación de estar tan distraídos que ya ninguna experiencia nos conmueva. Queremos mantener siempre el control de nuestro consumo, que para eso nosotros somos lo importante. Y eso se aplica no solo a objetos, sino a las relaciones con personas y a las experiencias que elegimos (incluso teóricamente religiosas o espirituales). Tenemos la tentación de ser un «homo consumericus», un «turboconsumidor» al acecho de nuevas experiencias emocionales, como dice Gilles Lipovetsky.

Pero la experiencia religiosa no es una técnica. Todo puede ayudar, retiros, meditaciones, silencio... Pero al final, implica soltarnos de nosotros mismos. Hakuin, maestro zen del siglo XVIII, dibujó un mono agarrado a la rama de un árbol. El mono estira la mano para alcanzar la superficie del agua de un estanque sobre el que está suspendido. Junto al dibujo, Hakuin escribió: «El mono trata de alcanzar la luna reflejada en el agua. No se dará por vencido hasta que la muerte lo derrote. Si fuera capaz de soltar la rama y hundirse en el estanque el mundo entero brillaría con claridad deslumbrante».

2. Una experiencia y mil caminos

Ahora bien, esta experiencia de acogida del Misterio puede tomar muchas formas distintas. Y es normal, pues se produce en personas de sociedades, culturas, personalidades y tendencias muy distintas. Juan Martín Velasco nos señalaba cuatro formas:

1ª. *La experiencia de presencia:* Son experiencias que suceden en un momento dado, en un lugar y una hora muy concreta, de una forma muy intensa, realísima, sin ser esperada. De pronto, en un momento dado, el Misterio deja sin palabras al ser humano, que queda anonadado.

Un ejemplo paradigmático es el «hecho extraordinario», un texto que escribía un filósofo español, Manuel García Morente, a su director espiritual, en el que narraba cuál fue el origen de su conversión del agnosticismo a la creencia.

Ha estallado la Guerra Civil en España y García Morente, destituido de sus cargos en la Universidad, está en París, viviendo en la incertidumbre de cómo estará su familia en medio del horror. Y, en esa situación, la noche del 29-30 de abril de 1937, le sucede lo siguiente:

Volví la cara hacia el interior de la habitación y me quedé petrificado. Allí estaba Él. Yo no lo veía, yo no lo oía, yo no lo tocaba. Pero Él estaba allí. En la habitación no había más luz que la de una lámpara eléctrica de esas diminutas, de una o dos bujías, en un rincón. Yo no veía nada, no oía nada, no tocaba nada. No tenía la menor sensación. Pero Él estaba allí. Yo permanecía inmóvil, agarrotado por la emoción. Y le percibía, percibía su presencia con la misma claridad con que percibo el papel en que estoy escribiendo y las letras —negro sobre blanco— que estoy trazando. Pero no tenía ninguna sensación ni en la vista, ni en el oído, ni en el tacto, ni en el olfato, ni en el gusto. Sin embargo, le percibía allí presente, con entera claridad. Y no podía caberme la menor duda de que era Él, puesto que le percibía, aunque sin sensaciones.

¿Cómo es esto posible? Yo no lo sé. Pero sé que Él estaba allí presente y que yo, sin ver, ni oír, ni oler, ni gustar, ni tocar nada, le percibía con absoluta e indubitable evidencia. Si se me demuestra que no era Él o que yo deliraba, podré no tener nada que contestar a la demostración, pero tan pronto como en mi memoria se actualice el recuerdo resurgirá en mí la convicción inquebrantable de que era Él, porque lo he percibido.

No sé cuánto tiempo permanecí inmóvil y como hipnotizado ante su presencia. Sí sé que no me atrevía a moverme y que hubiera deseado que todo aquello –Él allí– durara eternamente, porque su presencia me inundaba de tal y tan íntimo gozo que nada es comparable al deleite sobrehumano que yo sentía... Era una caricia infinitamente suave, impalpable, incorpórea, que emanaba de Él y que me envolvía y me sustentaba en vilo, como la madre que tiene en sus brazos al niño. Pero sin ninguna sensación concreta de tacto.

¿Cómo terminó la estancia de Él allí? Tampoco lo sé. Terminó. En un instante desapareció. Una milésima de segundo antes, estaba Él aún allí, y yo le percibía y me sentía inundado de ese gozo sobrehumano que he dicho. Una milésima de segundo después ya Él no estaba allí, ya no había nadie en la habitación, ya estaba yo pesadamente gravitando sobre el suelo... (*El hecho extraordinario*).

En un momento dado, una Presencia inesperada, fascinante, inesperada, sublime... que dota de sentido al resto de la vida. Nos vienen a la cabeza Pablo de Tarso en el camino de Damasco, Siddhartha en la noche santa bajo el árbol de *bodhi,* Pascal en la noche de fuego, etc.

2ª. *La experiencia carismática:* Pero no todas las experiencias son de este tipo. La experiencia religiosa carismática es una experiencia que se caracteriza por la empatía. Mientras la anterior se caracteriza por suceder en un momento de soledad, esta experiencia se vive de forma colectiva y a través de la emoción compartida.

Ese compartir emocional se experimenta, muchas veces, a través de distintas mediaciones. Por ejemplo, las músicas repetitivas, los bailes compartidos, las procesiones... Es el rito compartido el que motiva en el ser humano religioso una experiencia de gran intensidad emocional, en la que se produce el *ex-tasis,* el salir de uno mismo donde puede aparecer la experiencia religiosa. Y este salir de sí puede ser en dos direcciones: a través de nuestra interioridad o a través de nuestra exterioridad.

La recitación del rosario, con las oraciones católicas; el *misbaha* musulmán (de 33 o 99 cuentas) con el *dikr,* la recitación de los nombres de Dios; los mantras del budismo tibetano;

el canon cristiano de la comunidad de Taizé... generan un ritmo, un ambiente, que me lleva a bucear en mi propia interioridad, a contemplarme desfondado, sostenido... y el Misterio puede hacerse presente.

O, por el contrario, los bailes rítmicos de muchas tradiciones africanas o –derivados de ellas– los bailes de los llamados cultos de posesión de las tradiciones sincréticas (vudú, candomblé...); los cantos de las iglesias cristianas pentecostales... el ritmo agitado, el mismo baile, vivido en comunidad, también hace que las personas se descentren y «salgan de sí».

Diferentes ritmos que, sin embargo, llevan a la misma estructura básica. Da igual de qué forma, determinados ritos grupales, procesiones, peregrinaciones, generan esa emoción de pertenencia, de ser parte de algo más grande que uno mismo, en el que nuestra habitual conciencia de control, dominio y egocentrismo se diluyen.

3ª. *La experiencia mística:* A veces a toda experiencia religiosa se la denomina «mística». Sin embargo, podemos afirmar que la experiencia mística es un tipo de experiencia religiosa con características propias. Juan Martín Velasco, quizá el investigador español que con más finura analítica la ha descrito, la define como «experiencias interiores, inmediatas, fruitivas, que tienen lugar en un nivel de conciencia que supera la que rige en la experiencia ordinaria y objetiva, de la unión –cualquiera que sea la forma en que se la viva– del fondo del sujeto con el todo, el universo, el absoluto, lo divino, Dios o el Espíritu».

Es decir, lo característico de la experiencia mística es que no es solo una cuestión puntual ni es una cuestión grupal de emoción compartida. Es una experiencia, buscada o no, que requiere un camino previo de desierto que desemboca en la unión/fusión del Misterio con el centro de la persona. La renuncia ascética, la constancia en la oscuridad, son necesarias para la unión transformadora. Y esa unión nos cambia para siempre.

En no pocas ocasiones se opone la palabra «mística» a la palabra «profecía», entendiendo que la mística es una cuestión que nos aleja «del mundanal ruido» mientras la profecía nos anima a luchar por ese mismo mundo. No es esa la imagen que nos queda cuando leemos los escritos de aquellos a quienes sus tradiciones religiosas consideran como ejemplos de mística. Siddhartha, cuando vive la experiencia del tercer y definitivo despertar, que le convierte en Buda (el iluminado), no se retira a una cueva del Himalaya, sino que, por compasión hacia todos los seres vivos, dedica el resto de su existencia a predicar el camino de la liberación, lo que le lleva a afrontar no pocas persecuciones.

Una historia nos puede ayudar a entender esta idea: el protagonista es Felipe Neri, un sacerdote italiano del siglo XVI, un auténtico místico, comprometido con los niños pobres de Roma, y con un sentido del humor proverbial, cuyo lema educativo para los niños era «sed buenos... si podéis». Felipe fue enviado una vez por el Papa a visitar a una monja de un convento romano que tenía gran fama de mística, para comprobar si ese prestigio se correspondía a la verdad.

El día que Felipe hizo la visita llovía a mares, lo que entonces, con las calles llenas de desechos y tierra, hizo que el pobre llegara al convento en cuestión embarrado y con las botas llenas de agua. Cuando le llevan ante la presunta mística, empapado, Felipe le dice: «Hermana, por amor de Dios, sáqueme las botas y séqueme los pies, que estoy pasado por agua». La monja, enfadada por tal desconsideración hacia una persona unida al mismo Dios, abandonó la habitación dando un portazo.

Cuando el Papa le pregunta a Felipe sobre la monja, este concluye dirigiéndose al santo padre: «Santidad...». Y sonriendo dice: «¡Poca santidad!». Jesús, el Cristo, Dios, con, nosotros, se agacha y lava los pies a los discípulos. ¿Y tú no ayudas a tu hermano en necesidad? Como recordaba a toda persona religiosa la comunidad de Juan: «Si alguno dice: "Amo a Dios" y aborrece a su hermano, es un mentiroso; pues quien no ama a su hermano, a quien ve, no puede amar a Dios, a quien no ve» (1Jn 4,20).

Si se vive la unión con el Misterio el fruto evidente y seguro es, en lenguaje budista, la *bodichita,* la compasión por todos los seres vivos. El fruto de la mística es el amor al otro, la compasión más libre. La experiencia mística no aísla a la persona que la vive, sino que la coloca en el centro mismo de la existencia y, justo por eso, es radicalmente libre para salir al encuentro del necesitado.

4ª. *La experiencia en medio de la vida:* Ahora bien, si uno no se reconoce en estas experiencias que hemos descrito, no hay que asustarse. Hay un tipo más, el más común (y perfectamente compatible con los otros), que es la experiencia vivida en la vida cotidiana.

Se produce cuando las experiencias humanas cotidianas se descubren como reflejos de algo más profundo, cuando se revela que están sustentadas en una gratuidad única, total, cuando se viven como destellos de una luz que abarca todo, como ventanas a un Misterio que nos sostiene. Los momentos de alegría, belleza, bien, verdad, de la vida cotidiana, aunque sean parciales y limitados, apuntan a mucho más.

En las experiencias éticas, cuando rompemos nuestro egocentrismo para salir al encuentro del necesitado, sin esperar compensación alguna; en el perdón de corazón, tan difícil, porque nos obliga a superar nuestras heridas; en el compromiso vital con la utopía, por el bien de los demás, casi siempre incomprendido o despreciado; en el amor a los hijos, fuentes a la vez de anhelo y de entrega gratuita, absurda y, a la vez, única; en el amor de pareja, siempre nuevo y siempre en riesgo; en la contemplación de la belleza, que implica dejarse tocar, dejarse conmover; en la experiencia de la naturaleza (el mar, el cielo, las montañas, las estrellas...), que implica saberse parte de un armonía mucho más grande que uno mismo...: en mil experiencias cotidianas, la persona que mira con los ojos religiosos puede abrir las puertas para el encuentro con el Misterio, fuente de vida y de salvación. Dejarnos arrollar por las prisas, obligaciones, compromisos, puede que nos lleve a encontramos perdidos, enterrados por los escombros de una vida que ya no bebe de la profundidad.

3. ¿Espiritualidad contra religión?

Aquí tocamos un punto que es importante. Muchas personas no se reconocen en el hecho religioso y, sin embargo, sí se saben personas espirituales.

Aunque el término *espiritualidad* nace en un contexto cristiano (vivir en el Espíritu), su significado se ha ido ampliando, primero para abarcar la forma de vida de otras tradiciones religiosas y, más tarde, de personas que, sin reconocerse religiosas, sí se identifican con una forma de existencia diferente a la materialista, consumista. Desde esta perspectiva más amplia, la espiritualidad podría definirse como «la forma de vida de personas que basan la comprensión y la realización de sí mismas en una opción fundamental por valores o realidades de alguna manera trascendentes, capaces de dar sentido a sus vidas» (de nuevo nos da la clave Juan Martín Velasco).

Así, en el fondo, el ser humano espiritual, aunque no sea religioso, comparte la experiencia básica de lo religioso: apostar la vida por salir de sí, por superar el egocentrismo y vivir de otra forma, sin confundir vida con consumo ni felicidad con mi propio bienestar. En esta experiencia, aun al margen de símbolos o mediaciones oficialmente religiosos, los cristianos reconocemos la obra del mismo Espíritu, que sopla donde quiere (Jn 3,8). Por ello, nos sentimos profundamente unidos a todas las personas, mujeres y hombres, que son buscadores de aquello que nos supera y nos abre, desde lo profundo, a los demás.

Las religiones son caminos de espiritualidad o no son nada. La experiencia del Misterio, como hemos subrayado, implica salir de sí hacia el otro. Cierto es que no pocas personas que se autodenominan religiosas no han apostado su vida por el camino de la espiritualidad, sino que son testimonio de justo lo contrario: de dureza de corazón, de narcisismo y de soberbia. No es extraño que, en el distanciamiento de lo religioso, muchas otras se encuentren con lo espiritual.

Aunque, cuidado, porque, como siempre en nuestra sociedad capitalista, lo espiritual también puede convertirse en un mercado más, en una nueva careta para entretenernos y para aparentar ser otro diferente al que somos. «Ir de» espiritual no es, en absoluto, serlo. ¿Cuál es la piedra de toque, el criterio de discernimiento? La compasión por el necesitado, por la naturaleza, por todo lo vivo: «Si hablara las lenguas de los hombres y de los ángeles, pero no tengo amor, no sería más que un metal que resuena o un címbalo que aturde» (1Cor 13,1). Y en ese camino nos apoyamos mutuamente todas las personas de buena voluntad que queremos seguir el camino espiritual.

4
Danzar, cantar, pensar el Misterio

Y esto nos lleva a la última pieza de lo religioso: las mediaciones del Misterio. Si el Misterio es inefable, trascendente, no se le puede ver, tocar. Por tanto, el ser humano religioso testimonia que el Misterio se hace presente, de alguna manera, en un sistema de realidades, de mediaciones, en el que puede alimentar el encuentro con Él. Son libros, personas, danzas, oraciones, lugares, cantos, ideas, credos, etc. Son todas ellas realidades que se convierten en símbolos que apuntan más allá de sí mismos. Y no es tan rara su presencia entre nosotros.

1. Somos *homo symbolicus*

Porque esta necesidad no solo de comprender la realidad, sino de vincularse personalmente a ella, la vive todo ser humano a través de un lenguaje específico: el símbolo. ¿Qué es el símbolo? Un tipo específico de codificación de los mensajes humanos cuyo significado es una realidad que está más allá de lo cotidiano, que tiene que ver con aquella parte de nuestra existencia que no es tangible, que no es directamente eficaz: apunta al sentido, a esa dimensión humana por la que no somos solo respuesta a estímulos, sino que somos pregunta.

Símbolo es «aquello que, por obra del hombre, tiene, junto a su significado inmediato, un segundo sentido, que transfigura la realidad material y procura así una mediación entre lo cotidiano y una realidad que lo supera», dirá Michel Meslin. El origen etimológico de la palabra *symbolon* es «lo que une» porque esa es su función: ser puente visible con lo invisible, con lo oculto, con lo que no es evidente.

Por ello los seres humanos somos *homo symbolicus,* porque el símbolo nos hace visible el mundo: no solo lo dota de sentido, sino que nos vincula a él, hace que nos concierna, que nos impliquemos en él. El lugar donde conocimos a nuestra pareja, la canción de nuestra niñez, el colgante que nos regaló nuestra abuela... ya no son un lugar más, una canción más, un colgante más... son otra cosa. Nos ayudan a vivir, a levantarnos por la mañana y decir «vale la pena». Así, el mundo humano (tanto el personal como el social) es un mundo poblado de símbolos.

Ahora bien, el símbolo nos aporta un conocimiento indirecto. No es un signo más con el que comunicar un significado, consensuado, y que se pueda cambiar sin mayor problema. Es una «impertinencia semántica» (Lévinas), un lenguaje abierto, que no define, sino que convoca un significado, lo apunta, pero no lo atrapa. Por eso es poderoso, porque no solo apunta a la cabeza, a la razón, sino al corazón. El símbolo no se aprende sin más, sino que nos vinculamos a él y acompaña nuestra vida. Una bandera es una tela de colores... o algo por lo que no pocas personas han vivido, muerto y, lo que es peor, matado.

Dado que el Misterio es inefable y trascendente y quiere tocar el centro de la persona, el ser humano religioso solo puede expresar su presencia y relacionarse con Él en el símbolo. No se puede tener experiencia del Misterio sino a través de mediaciones, de símbolos, de realidades que se transfiguran y en las que sentimos su presencia. Toda religión no es sino un sistema de símbolos que, de mil formas diferentes, revelan lo inexpresable, expresan lo inefable, apuntan al Misterio salvífico.

2. Una constelación de símbolos religiosos

Así, la experiencia religiosa se traduce necesariamente en palabras, actos, objetos, lugares, que de forma simbólica apuntan a la experiencia vivida. Y esos símbolos nacen y se insertan en la realidad cultural de la religión concreta y la nutren. Por tanto, no estamos hablando de una serie de símbolos aislados, sino de que los símbolos religiosos conforman entramados significativos propios, sistemas ordenados. En cuanto tales, las religiones no son anárquicas, sino que articulan su simbología a su modo. Eso las dota de su propia identidad. Por ello, para

comprenderlas de verdad, necesitamos no perdernos en la hojarasca de alrededor, sino dirigirnos a su centro.

2.1. El sol de cada sistema religioso

Así, debemos buscar su mediación central, el «sol» en torno al que se organizan las diferentes mediaciones. Miremos, por ejemplo, las religiones abrahámicas: judaísmo, cristianismo e islam. Las tres están emparentadas históricamente y para las tres el Misterio es Dios. Pero no son iguales: su mediación central es diferente y configura diferentes sistemas religiosos. En el judaísmo, la mediación central es la Torá. Para el judaísmo Dios se reveló a la humanidad en el monte Sinaí y no le dio a Moisés un curso de teología, sino aquello que le era fundamental: un código para saber vivir bien, para orientar toda la vida hacia Él. En el cristianismo, nacido del judaísmo, sin embargo, no cabe duda de que la mediación central es Jesús de Nazaret, reconocido como el Cristo, Dios-con-nosotros, es decir, el centro es una persona. Y en toda persona (especialmente en la sufriente) encuentra el rostro de Dios. Para el islam, el centro de su sistema religioso no es una persona (no es Muhammad, el sello de la profecía), sino un libro, el Corán, la palabra misma de Dios, con lo que toda la realidad es don absoluto de Dios, cada instante, cada situación pide ser iniciada diciendo *bismi-llāhi r-raḥmāni r-raḥīmi* («en el nombre de Dios, el misericordioso, el compasivo»).

Así pues, aunque las tres configuren el Misterio como Dios, no dicen exactamente lo mismo de Él: todas tienen los elementos de la otra, pero ordenan y subrayan esos elementos de formas diferentes. Son sistemas religiosos emparentados y, a la vez, con su propia identidad.

2.2. Poner palabras a lo vivido

A partir de esas mediaciones centrales se va construyendo el resto del edificio simbólico: la experiencia religiosa, dotadora de sentido, como decíamos, necesita ser «empalabrada» para que el ser humano se haga cargo de ella.

De ahí que todas las religiones generen sus propias mediaciones interpretativas, su propio sistema conceptual que le ayuda a hablar del Misterio. Por supuesto, estas mediaciones conceptuales siempre se sienten como insuficientes, radicalmente limitadas, incapaces de expresar de verdad aquello a lo que apuntan. Pero la experiencia que vive es de tal fuerza, que el ser humano religioso tiene que pronunciar alguna palabra, con temor y temblor, que le permita afirmar el deseo de su corazón. Así sucede con las más básicas formas de conceptualización, las invocaciones, palabras mínimas pero que concentran todo lo que dice el corazón: «Ven, Señor» (Ap 22,20), *Dio tutto* (san Francisco de Asís) o «Escucha, Israel: El Señor es nuestro Dios, el Señor es uno solo» (Dt 6,4).

Cuando más crece la comunidad religiosa, esta conceptualización irá creciendo y ramificándose. Por ejemplo, se irán creando «credos», la síntesis mínima en la que la comunidad religiosa se reconoce: en el budismo, las cuatro verdades del sermón del Buda en el parque de los ciervos, en las que se reconocen todas las múltiples ramas del budismo (muy diferentes entre sí); en el islam, la *shahada*, la profesión de fe que integra en la umma, en la comunidad musulmana: «No hay otro dios sino Dios y Muhammad es su profeta»; en el cristianismo, el credo niceno-constantinopolitano, que expresa la fe en Dios uno y trino, que se hace presente en la historia de Jesús.

Pero, por supuesto, estos credos no son suficientes para una fe que busca entender, por lo que las comunidades religiosas crean todo tipo de filosofías y teologías, algunas muy conceptuales, otras más poéticas y contemplativas, unas muy extensas, otras mínimas, que les permitan, a través del «dar razón de la fe», vivir en el Misterio.

Y ese «dar razón» no tiene por qué ser solo en forma racional. No solo somos seres racionales, sino que también somos, como señalaba Ricoeur, seres narrativos. Los seres humanos somos contadores de historias. Por ello, no es nada raro que el ser humano religioso exprese lo que vive en narraciones, que lo sitúan en el mundo y le explican qué significa existir y qué puede esperar de la vida (y de la muerte). Esto son los mitos, un símbolo cuyo significante es una narración. De esta manera, las narraciones fundantes de cada tradición religiosa me sitúan en el mundo, me hacen comprenderlo, me desvelan la verdad escondida y me hacen vivir.

Un ejemplo nos puede ayudar a entenderlo: los babilónicos oían una vez al año la recitación pública de su mito de creación (el *Enuma elish*), en la fiesta del *Akitu*, del año nuevo. Escuchaban el relato de la muerte de Tiamat, la madre monstruo, por Marduk, el gran dios, y el asesinato de Kingu, el dios traidor, para formar con su sangre al ser humano, para que trabaje por los dioses. Así, sabían que el orden dominaba el caos, que toda creación se basaba en la muerte y la violencia y que el destino de los seres humanos era trabajar para los dioses (y sus representantes en la tierra, los reyes). En ese mismo momento y en ese mismo lugar, Israel, que vive el exilio en esa misma Babilonia, escribe su propio relato, el capítulo 1 del Génesis: la creación en siete días. Hebreos y babilonios tienen la misma idea física del universo: la tierra es un plano con una bóveda que sostiene las aguas del cielo. Pero crean un relato muy distinto: Dios crea sin destrucción alguna, por pura gracia, sin muerte alguna, y el destino del ser humano, hombre y mujer, es ser el jardinero, el cuidador de la creación. Pese a tener la misma imagen física del mundo y vivir en el mismo tiempo y lugar, dos experiencias religiosas distintas escriben dos relatos muy diferentes para explicar qué sentido tiene el mundo y qué puede esperar el ser humano en él. Somos narración.

2.3. Orientar el mundo: tiempo y espacio sacros

Además, en cuanto seres físicos, vivimos necesariamente en un tiempo y un espacio. Las mediaciones religiosas también llenan de sentido nuestra temporalidad y nuestra espacialidad. Ofrecen un *axis mundi,* un eje, un punto de referencia que ayuda al ser humano religioso a organizar la realidad, a hacerla vivible desde el Misterio. Su existencia queda así orientada gracias a fiestas, calendarios, ciclos litúrgicos, templos, santuarios, etc. Sabe en qué día y en qué año vive, sabe dónde acudir a celebrar los acontecimientos de su vida, dónde peregrinar para encontrarse de nuevo a sí mismo.

Así, las diferentes tradiciones religiosas ofrecen un sentido a la historia, un punto de referencia para marcar un antes y un después: el tiempo nuevo empieza con el nacimiento de Jesús, el Cristo; o con la Hégira, cuando el sello de la profecía, Muhammad, va de La Meca a Medina; o con la creación del mundo según las Escrituras para el judaísmo, etc. Y da sentido no solo a la historia, sino también a la vida diaria. Los diferentes calendarios litúrgicos llenan de Misterio la existencia ordinaria y, por tanto, de fiesta. El sábado, cada siete días, el tiempo se hace eternidad para el judío. Durante el mes de Ramadán, una vez al año, el musulmán toma conciencia de que ni el hambre, ni la sed, ni el deseo están a la altura de Dios. El cristiano, en Pascua, vive la experiencia de la victoria definitiva sobre la muerte en la resurrección de Jesús, el Cristo, y se llena de esperanza en el Reino de la fraternidad soñado por Dios.

Por supuesto, el ser humano religioso sabe que el Misterio sostiene la realidad misma, con lo que cualquier lugar es, en el fondo, sagrado: «¿Adónde iré yo lejos de tu espíritu, adónde de tu rostro podré huir?» (Sal 139). Y, sin embargo, tiene la necesidad de recordarse esta verdad organizando el espacio, tanto el natural como el humanizado. Necesita «caminar por lo sagrado».

Así, partes de la naturaleza se convierten para él en el centro del mundo: para el hinduismo el Ganges es *Ma Ganga,* la madre Ganga, el río descendido del cielo; para el Egipto faraónico, la inundación del Nilo es el dios Hapi: de los desbordamientos del río dependía si vivían o morían asfixiados por la infértil sequía (asociada con el dios Seth); el monte Kailash es el centro del mundo para cuatro religiones: hinduismo, budismo, jainismo y bon (religión tradicional tibetana) y atrae a miles de personas que caminan alrededor de su base; el monte Sinaí es donde Moisés se encuentra con Yavé y en el monte Olimpo habitaban los dioses griegos. Y no olvidemos las cuevas paleolíticas, con su riquísimo arte parietal; o las fuentes donde habitan las ninfas; o los bosques de los celtas Carnutes, donde se reunían las asambleas druídicas; o el robledal de Dodona griego... el listado es interminable.

Y, junto a al espacio natural, el espacio humanizado, construido. En cuanto el ser humano se empieza a establecer en aldeas en el neolítico, no solo construye sus espacios de habitación, sino, junto a ellos, los espacios donde el Misterio le acompaña. Göbekli Tepe, tal vez el más antiguo de los yacimientos del primerísimo Neolítico, nos muestra una curiosa mezcla de construcciones circulares con columnas donde se representan animales, lo que nos evoca rituales religiosos que hoy no podemos reconstruir. Çatal Hüyük, otro asentamiento neolítico, que ha sido llamado «la primera ciudad» muestra hasta cuarenta espacios sacros distintos.

Por supuesto, desde el principio, las construcciones sacras siguen formas simbólicas, puesto que son mediaciones del Misterio: en algunos casos se organizan en torno a un eje vertical, como los zigurats mesopotámicos, buscando el encuentro con el Misterio en lo alto (lo que en una región muy llana es presencia de lo «totalmente otro»). Allí, en lo alto, el cielo se conectaba con la tierra. En otros casos se organizan en un eje horizontal, que recuerda al ser humano paleolítico, que no pocas veces escondía su arte parietal en lo profundo de las cuevas. Así sucedía, por ejemplo, en el templo egipcio: los enormes pilonos, los diques que mantienen al templo a salvo del caos primordial, introducen al fiel en el primer espacio emergido de la creación. Según avanza en la estructura, las salas altas y luminosas van dando paso a espacios más oscuros y reducidos: el techo desciende, el suelo sube, cada vez hay más silencio y la luz desaparece, hasta que el recorrido culmina en el *sancta sanctorum,* el santo de los santos, el lugar donde reside el dios.

Y justo como ejemplo contrario, en la Sainte Chapelle, joya del gótico medieval, la experiencia sacra la produce la luz, el elemento tangible e intangible a la vez, el hilo que une el cielo y la tierra. Las vidrieras de infinitos colores, que sustituyen a los muros, matizan la luz para producir el milagro y transmutar lo humano en divino.

Cuando lo sacro es la comunidad que se reúne, el ser humano religioso acude a otros ejes geométricos, el círculo o al cuadrado, para que los fieles se sientan parte de una misma asamblea. Eso sí, la comunidad sabe hacia dónde orientarse: hacia el *hejal,* el armario que guarda la Torá, en la pared de la sinagoga que apunta a Jerusalén, o, en las mezquitas, hacia el muro que indica la dirección (*quibla*) del centro del mundo, La Meca.

Quizá Borobudur, en Indonesia, un antiguo templo budista, sea un ejemplo perfecto para transmitir lo que queremos decir: un cuadrado de 118 metros de lado, con nueve terrazas superpuestas. El devoto acudía a hacer una auténtica peregrinación, exterior e interior. Estaba invitado a recorrer los muros de cada una de las terrazas, contemplando y meditando la sabiduría de cada *jataka*, de cada historia religiosa representada en los 2.672 paneles de los muros, e ir ascendiendo, física y espiritualmente, por el monumento, hasta llegar a las plataformas finales, circulares, donde 504 estatuas de Buda le esperaban, cada una con un mudra (una posición de manos simbólica), para ayudarle a adentrarse en la experiencia de la liberación. El ser humano religioso necesita caminar, adentrarse en lo sagrado. A cada paso resuena en su interior: «Descálzate, porque el terreno que pisas es sagrado» (Éx 3,5).

2.4. Danzar y cantar el Misterio

Somos expresión. Por ello, el ser humano religioso genera múltiples mediaciones expresivas, oraciones, ritos...; habla, recita, canta, baila su fe. Estas mediaciones son fundamentales para la vida religiosa porque mantienen vivo el encuentro con el Misterio. De hecho, «donde la oración ha enmudecido por completo, ha desaparecido también la religión» (Friedrich Heiler). Y no es extraño: si la experiencia religiosa es el encuentro con un Misterio fascinante, con el sentido central de la existencia, si no deseo revivir esa experiencia, ejercerla, actualizarla, dejarle espacio en mi vida (de mil formas diferentes), la experiencia ha caducado, ya no es sacra, ya no significa, ha muerto. Aldo Terrin señalaba que «una religión está viva en la medida en que es una religión *rezada* y cultual [...] Oración y culto son el oxígeno mismo en el que una religión puede respirar y entrar, por lo tanto, en ese mundo simbólico abierto a lo trascendente que hoy corre cada vez más el riesgo de ocultarse y desaparecer en la vida cotidiana».

Ahora bien, las formas de expresar la experiencia, de rezar, son infinitas. A veces, cuando pensamos en la oración, la unimos a determinadas formas de recitación de fórmulas, que tienen su valor, pero que no agotan en absoluto su riqueza, pues orar es, en palabras de san Juan de la Cruz, la «advertencia amorosa de Dios presente», es decir, caer en la cuenta de que el Misterio me sostiene, aquí, ahora mismo, y conmigo sostiene la realidad entera.

Así, el ser humano religioso, consciente de esa Presencia, canta su alabanza, pone en sus manos su sufrimiento y su miedo o su agradecimiento por estar vivo, contempla su grandeza, e incluso se enfrenta al Misterio y le pide cuentas. Lo que no puede es olvidarle.

Hay una historia de la tradición judía extremadamente significativa. En un campo de concentración nazi, un grupo de rabinos presos deciden que Dios, el Dios de la alianza con Israel, ha roto su pacto con Israel. Es verdad que el pueblo ha sido infiel, pero no merece lo que está viviendo. Por ello, deciden hacer un juicio a Dios. Y, con todas las limitaciones de su situación, organizan un juicio a Dios con todos los requisitos legales. Y, tras arduos debates, la sentencia es clara: Dios ha roto el pacto, es culpable. E inmediatamente, todos empiezan la oración de la tarde.

Jacob recibe el nombre de Israel, porque fue «el que luchó con Dios» (Gén 32,29). Podré enfadarme con Dios, no comprenderle, enfrentarme a Él, querer escapar de Él, pero no olvidarle.

De igual manera pasa con el rito. Un rito es un símbolo cuyo significante, la realidad que hace de mediación, en lugar de ser una narración (como en el mito), o un libro o un lugar, es una acción pautada. Por eso el rito religioso tiene una fuerza significativa especial, porque su ser actuado moviliza las dimensiones tangibles de la expresión humana y, así, hace presente en el mundo físico, observable, la experiencia religiosa. Obliga a cambiar de espacio, a actuar, a hacer. No es cuestión de afirmación mental, sino de movilizar a toda la persona: hay que vestirse de una forma, hay que estar en un sitio, hay que hacer eso y no otra cosa; requiere tiempo, requiere espacio, te requiere a ti.

El antropólogo Edwin James afirmaba que «el hombre danza su religión ya que es la forma externa y tangible de los íntimos deseos del alma». El rito religioso es, así, un espacio de circularidad, de comunicación, entre Misterio, ser humano y mundo físico. Ese es el momento en el que el tiempo se convierte en *tempernitas,* es decir, el tiempo se descubre como la otra cara de la *aeternitas,* de la eternidad.

De modo que la eucaristía no es un lugar donde «escuchar» misa, sino «la prefiguración y la anticipación más profunda y plena de lo que será el Reino» (Manuel Gesteira), es decir, donde se empieza a cumplir el sueño de Dios, donde se hace verdad el «hágase tu voluntad en la tierra como en el cielo», toda la humanidad reunida en torno a la misma mesa, como una única familia, viviendo la reconciliación final, y Dios «enjugando todas las lágrimas». O, por poner otro ejemplo, la iniciación en el Tantra del Kalachakra es para muchos budistas tibetanos no solo «el día más importante de sus vidas», sino hacer presente el renacer en el místico Shambala.

De esta manera, el rito se convierte en espacio de salvación, abre al creyente, en palabras de Terrin, a «una vida digna, perfecta, santa: le purifica, transforma, se convierte en *duiya* (re-nacido)». Es un espacio en el que el Misterio salvífico, al encontrarse con el ser humano religioso, le plenifica.

2.5. *Saber vivir bien*

Pero el rito no es el único ámbito de acción del ser humano. La vida ética, las decisiones que conforman la relación del ser humano con sus semejantes y con el entorno en el que vive, se orientan desde Él y, así, se convierten en me-diaciones: una buena obra acerca a Él; una obra errónea o mala aleja de Él. De esta manera, en el entorno religioso surgen códigos éticos para encontrar lo que acerca al Misterio y lo que no.

Algunas veces estas acciones incluyen pro-hibiciones y obligaciones rituales: hay cosas que son *haram* (prohibido para musulmanes y judíos), es decir, que simbólicamente alejan de la vida en el Misterio, y cosas *halal* o *kosher,* que sí están permitidas. El Corán es la palabra de Dios para el islam, directamente transmitida a Muhammad, sello de la profecía. Ahora bien, necesita una *sharía,* un «camino claro hacia el agua», una normativa que permita al musulmán que su vida entera quede orientada hacia Dios, inundada de Dios.

Junto a ello, esas mismas religiones señalan que la clave no está tanto en cumplir tales o cuales normas, sino en el camino interior, espiritual, del que nacen las acciones. De parecida forma el budismo señala que la acción buena nace de la correcta intención, del desprenderse. La ética, en cuanto desasimiento de sí, en cuanto camino de superación del egocentrismo, se convierte, pues, en un camino personal de encuentro con el Misterio. Como hemos señalado, la religión no es una serie de creencias, sino un camino personal de respuesta al Misterio que ha tocado la vida y hacia el que orientamos nuestra existencia. Por eso, de muchas formas, las religiones hablan de santidad, del ideal de vida anclada en el Misterio, que sirve de referencia y de apoyo a los demás.

No es extraño, entonces, encontrar en muchas de las religiones unos planteamientos éticos básicos comunes, basados en el desprendimiento de sí hacia el otro. Así sucede con la llamada regla de oro moral: «Todo lo que deseáis que los demás hagan con vosotros, hacedlo vosotros con ellos; pues esta es la Ley y los Profetas» (Mt 7,12; Lc 6,31). O, propuesta en negativo, cuando la regla de oro se convierte en la regla de plata: «No hagas a los demás lo que no quieras que te hagan a ti», como le dice el rabí Hillel a un converso (*Talmud, Shabbat* 31a). Estas reglas morales se encuentran en el antiguo Egipto, el hinduismo, en el zoroastrismo, el confucianismo, el taoísmo y el budismo.

Por supuesto, esto no implica que todas las personas religiosas vivan siempre de acuerdo con estos principios. Contaba una vez Juan Masiá, jesuita traductor de Unamuno al japonés, que, cuando llevaba un tiempo en Japón, visitó un templo budista. Paseando por el jardín con el bonzo, este le preguntó si sabía en qué se parecían el budismo y el cristianismo. Juan, como buen estudioso, inició una comparación erudita entre la vacuidad y la *perijóresis* trinitaria. El monje mueve la cabeza negando. «No —le dijo—, nos parecemos en la compasión budista y el amor cristiano». Juan recogió el guante y, de nuevo, disertó sobre la *bodichita* budista y la caridad. De nuevo, el monje movió la cabeza. «No, no –concluyó–, nos parecemos en que ni vosotros cumplís el mandato del amor ni nosotros el de la compasión».

Pues es verdad. Por eso necesitamos ayuda en el camino.

2.6. *Juntos caminamos hacia el Misterio*

Esta reflexión nos da pie a las últimas mediaciones. Somos seres sociales; pese a nuestra perspectiva individualista actual, somos juntos. Por ello, todas las tradiciones religiosas generan, de manera más o menos flexible, mediaciones sociales que nos ayudan a recorrer el camino religioso. De hecho, como señalábamos al inicio del libro, durante mucho tiempo las religiones han sido el cemento que unía a las sociedades: en las sociedades tribales, en las sociedades de los primeros estados y hasta hace dos días, el ser humano vivía la religión propia de su pueblo, es decir, la comunidad social se identificaba con la comunidad religiosa.

Sin embargo, en torno al siglo VI a.C. aparece un cambio muy profundo en las tradiciones religiosas (y en la conciencia de la humanidad). El zoroastrismo, los profetas del exilio de Israel, las *Upanishads* y el budismo en la India, los grandes maestros del taoísmo chino ya no se dirigen solo a su sociedad, a su cultura, sino que proponen su experiencia a todo ser humano. Las religiones tienen un horizonte universal: salen de su núcleo de origen y apuestan por inculturarse, encarnarse en los diferentes lugares adonde les lleve su camino. El budismo se extiende y se transforma en Tíbet, China, el sueste asiático, Corea y Japón. El cristianismo, pese a lo que nos parezca, no solo se extiende por el Imperio romano, sino también por Persia, Afganistán e incluso China.

Por eso, estas religiones universales viven con mucha fuerza la mediación de la comunidad de creyentes, de aquellos que comparten el mismo camino espiritual. Las tres joyas del budismo señalan como los pilares del camino budista al Buda, el *dharma* (la enseñanza) y, no menos importante, la *sangha,* la comunidad budista en la que aprender y practicar el camino.

De esta manera, estas religiones se organizan en iglesias, escuelas o tradiciones, con sus propias identidades, con sus procesos de acompañamiento para los que se acercan por primera vez al mensaje y con sus ritos de iniciación para los que quieren formar parte de la comunidad.

Y, como es lógico en todo proceso de institucionalización, estas comunidades reconocen entre ellas a personas que guían, acompañan o marcan los caminos para los demás, sea en forma de maestros (lama, gurú), sacerdotes, monjes, renunciantes...

Con un par de ejemplos podemos ilustrar la fuerza de la experiencia comunitaria. El *hajj* es la peregrinación, una vez en la vida, a La Meca, una de las cinco acciones que ayudan al musulmán a centrar su vida en Dios, uno y único. Durante esos días, 1,5 millones de creyentes se viven como parte de la *umma,* de la comunidad de creyentes que, revestidos de blanco, superan toda diferencia de condición social, de cultura, de etnia, para saberse unidos en torno a Dios. Y si 1,5 millones de personas parecen muchos, en el último *Maha Khumbamela,* una peregrinación de la tradición hinduista, celebrado este

2025, se reunieron más de 400 millones de personas durante 45 días para celebrar la caída de gotas de *amrita,* de la bebida de los dioses, en Prayag (Allahabad), en la mayor concentración temporal de personas del mundo.

¿Por qué este éxito? Porque la peregrinación es un misticismo exteriorizado. Toda una experiencia totalizante espera al ser humano religioso: un espacio sagrado, que representa el *axis mundi* donde me encuentro con mi verdadero centro existencial; un tiempo especial, sacro, que se espera durante mucho tiempo y que marca un antes y un después; un relato, una narración, que me introduce en un sentido; una *communitas,* que me acoge y que me alienta; toda una constelación de símbolos menores (vestimentas, canciones, comidas...) que acompaña la experiencia y la identifica, profundiza y multiplica. La peregrinación se convierte en una experiencia integral que envuelve al creyente y le transforma.

Mucho más podríamos contar, pero debemos acabar ya nuestro camino. Volvamos un momento la vista atrás y recuperemos nuestro objetivo inicial: proponer la experiencia religiosa como fuente de sentido.

Epílogo
Encuentra Misterio en tu vida

Marina Garcés, una filósofa española, señala que nuestra época se caracteriza por su «condición póstuma»: ya no hay nada más que esperar sino el final, no hay esperanza, no hay más solución que el consumo y apostar, con una sonrisa, por una «razón cínica» (Peter Sloterdijk).

Sin embargo, en estas páginas hemos recogido cómo muchas personas hemos experimentado en nuestra vida un encuentro que ha orientado nuestra existencia, que nos hace salir de nosotros mismos y encontrar sentido en la acogida al otro. En ese encuentro hemos aceptado la presencia, previa, gratuita, de un Misterio que nos sostiene, que nos plenifica, desde el que la existencia cobra un sentido único. Y en él nos sabemos caminando junto a muchas otras personas, que se identifican de corazón con una existencia en verdad espiritual. Como decía el documento *Diálogo y anuncio*, somos compañeros en el camino común que toda la humanidad está llamada a recorrer. Podemos ver en ello una prefiguración de lo que Dios quiere que sea el camino de la historia de la Humanidad: una ruta fraterna a través de la cual marchamos, acompañándonos los unos a los otros, hacia la meta trascendente que Él nos ha señalado.

Quizá nos haga falta a todos tiempo de calidad, serenidad y silencio para oír ese anhelo, que brota de todo corazón humano, de una gratuidad absoluta, de superar todas las técnicas y deseos de dominio y encontrarnos en manos de un Misterio que nos acoge incondicionalmente. Pues ojalá estas páginas puedan ayudar a recorrer, un poco más, y quizá un poco mejor, este camino.

Para una reflexión personal

Te proponemos aquí una serie de cuestiones para tu reflexión:

- ¿Cómo te sientes ante el texto que has leído? ¿Has sentido ideas, descripciones, momentos que tocaban tu propia experiencia personal? ¿Cuáles?
- Si eres creyente, busca un momento de paz, serena tu corazón y piensa en tu vida. ¿Cuándo viviste ese primer encuentro (o primeros encuentros) con Dios? ¿Qué ha significado en tu vida? ¿Cuáles son los lugares, tiempos, oraciones, ritos que te unen al Misterio y llenan tu vida?
- Si no eres creyente, ¿sientes algo de lo que se ha descrito en el texto como tuyo pro-

pio? ¿Cómo lo integras en tu vida? ¿Te sabes una persona espiritual? ¿Qué significa eso en tu vida cotidiana? ¿Cuáles son los lugares, tiempos, ritos que te hacen seguir siendo espiritual?

Para una reflexión grupal

- Trabajamos personalmente un hilo de vida con Dios. Señalamos en una línea de vida los momentos en que le hemos sentido con más fuerza en nuestra vida.
- Compartimos estos momentos en grupo y vamos creando una red de experiencias.
- Podemos acabar el momento con una oración comunitaria, en la que damos cada uno gracias por un momento de la vida que nos haya abierto el corazón. El primero de los que comparten tiene un ovillo de hilo y, tras compartir su acción de gracias, sujeta el extremo del hilo y lanza el ovillo a otro miembro del grupo, que, tras compartir, sostendrá el hilo mientras lanza el ovillo a otro miembro. De esta manera, nos encontraremos unidos por una red de experiencias, que nos ayudará a ser comunidad de fe.

Bibliografía

Más que grandes obras, te ofrezco conocer a tres personas, investigadores de lo religioso, españoles, fallecidos no hace mucho, los tres muy sabios y personas profundamente religiosas: Juan Martín Velasco, Lluís Duch y Raimon Panikkar.

Para conocer a Juan, te recomiendo encarecidamente leer Antonio Ávila, *Juan de Dios Martín Velasco. Testigo del Dios que nos habita*, Khaf, Madrid 2024. Imprescindible. Si quieres profundizar más en su obra sobre el hecho religioso, puedes leer *El hombre y la religión*, PPC, Madrid 2002. Lo mejor sería leer su gran obra, *Introducción a la fenomenología de la religión*, Trotta, Madrid 2006⁷, pero es un texto muy amplio. Este que recomiendo es más asequible. Y si te interesa la mística, ineludible leer *El fenómeno místico*, Trotta, Madrid 2009[3]. Y algo precioso, su *Orar para vivir: Invitación a la práctica de la oración*, PPC, Madrid 2008.

Lluís Duch fue un monje de Montserrat, extraordinario antropólogo. Para conocerle puedes leer IGNASI MORETA, *Conversación con Lluís Duch. Religión, comunicación y política*, Fragmenta, Barcelona 2019. Una obra suya sobre lo religioso, asequible, es *Antropología de la religión*, Herder, Barcelona 2001. Y sobre su obra, la indicada en el libro JOAN-CARLES MÈLICH–IGNASI MORETA–AMADOR VEGA (eds.), *Empalabrar el mundo. El pensamiento antropológico de Lluís Duch*, Fragmenta, Barcelona 2011.

Raimon Panikkar fue una persona única. De padre hindú y madre catalana, doctor en ciencias, en teología y en filosofía, profundo conocedor de Oriente y Occidente, sacerdote católico abierto a la experiencias hinduistas, budistas y laicas, aporta un número

incontable de reflexiones sobre filosofía, teología y diálogo interreligioso e intercultural. Para conocerle, puedes leer MACIEJ BIELAWSKI, *Panikkar. Una biografía*, Fragmenta, Barcelona 2014. Y de sus múltiples obras, quizá son más asequibles, *Iconos del Misterio. La experiencia de Dios*, Península, Barcelona 1998; *Elogio de la sencillez*, Verbo Divino, Estella 2000, o la gran propuesta filosófica *La intuición comosteándrica*, Trotta, Madrid 1999.

Índice